skifahren

Ein Wörterbuch für
Sportfreunde, Pistensäue, Loipenhirsche
und allerlei Schneehasen.

Von Thomas Reiland
mit Zeichnungen von
Eberhard Holz und Pit Grove

© Tomus Verlag GmbH, München 1989
Alle Rechte der Verbreitung, auch durch Fernsehen, Funk, Film,
fotomechanische Wiedergabe, Bild- und Tonträger jeder Art,
sowie auszugsweiser Nachdruck vorbehalten.
Gesamtherstellung: Ebner Ulm

2	3	4	5	93	92	91	90
Auflage				Jahr			

ISBN 3-8231-0510-8

A

Après-Ski — Alles was vor, während und nach dem Skifahren passiert. Wenn die Zeit, die man auf Ski rutschend verbringt, in Minuten gezählt werden kann, bezeichnet dieser Sammelbegriff den Skisport schlechthin.

Aufstiegshilfen — Dem Wintersport (Liftfahren) entlehnte Kernsätze zur Bewältigung des Lebens: Wählen Sie die Selbstbedienung oder die Hilfe eines Einstiegshelfers. Treten Sie zügig ein. Lassen Sie sich dann schieben. Nicht vorzeitig aussteigen, bei Sturz in Deckung gehen. Rechtzeitig den geordneten Ausstieg vorbereiten. Während des Aufstiegs eine klare Linie beibehalten und keine Schaukelpolitik betreiben. Ellbogen mit Bedacht einsetzen. Wenn Sie ganz oben sind, setzen Sie sich rasch von der breiten Masse ab.

Aufwärmen — Der Aufenthalt in einem geheizten Restaurant bis zur Abfahrt der letzten Gondel.

B

Berg- Naturgemäß kennt der Skisport unzählige Wörter mit der Vorsilbe „Berg". Besonders bemerkenswert sind die „Berg-Krankheit" (tritt nur tagsüber in Höhe über 2384 m auf), der „Berg-Schrund" (das obere Ende eines Gletschers, benannt nach seinem Entdecker Bergsch), der „Berg-Ski" (der sich am besten zum Befahren von Bergen eignet, bei Rechtshändern der rechte, bei Linkshändern der linke Ski; Gegensatz Talski), die „Berg-Stemme" (mit der ordentliche Skifahrer versuchen, unordentliche Berge zurechtzurücken, die „Berg-Wacht" (die darauf achtet, daß die Berge nicht gestohlen werden) und das „Berg-Wandern" (Beispiel: Ein norddeutscher Skifahrer behauptet, er sei in Berchtesgaden tollkühn von der Zugspitze abgefahren).

Bewegungsgefühl Auch Bewegungserfahrung, Bewegungskriterien, Bewegungsfertigkeit, Bewegungs-

phasen oder Bewegungssehen: Das intensive Beobachten fleißiger Skifahrer von einer sonnigen Hotelterrasse aus. Wird von fast 100 Prozent aller Wintersportler beherrscht. Der Beobachter befindet sich dabei meistens in einem Liegestuhl.

Biathlon	Skilanglauf für Schützenvereine.

D

Deutscher Skiverband	In der Bundesrepublik erfundene Methode, gebrochene Skiteile wieder miteinander zu verbinden und einer Heilung zuzuführen. Nicht zu verwechseln mit Druck-Verband oder Not-Verband.
Doppelstock-technik	Trinkgewohnheit erfahrener Skifahrer. Sie bestellen an überfüllten Bars doppelstökkige Schnäpse und kippen sie mit dem sogenannten Doppelstockschub. Anfänger verfallen immer wieder in den Fehler der

Einstocktechnik, was zu längeren Wartezeiten und zwangsläufig zu Einstockschüben führt.

Drehbruch Ihn erreicht man am besten durch eine kräftige Verdrehung um die Längsachse des Körpers, was man auch als Drehsturz bezeichnet. Mit einer zu stramm eingestellten Bindung, die man nur durch ein Schweißgerät lösen kann, gelingt der perfekte Drehbruch fast immer. Er tritt ausschließlich an einem Schienbein auf, selten jedoch an beiden zugleich. Es empfiehlt sich bei allen Arten von Brüchen, speziell aber beim reizvollen Drehbruch, detailreiche Informationen einzuholen, damit man den Angehörigen und Mit-Patienten im Krankenzimmer erschöpfende Auskünfte geben kann.

E

Eiform Typische Körperhaltung von Rennfahrern oder Langläufern bei schnellen Abfahrten. Die natürliche Angst des Menschen vor der

Gefahr zwingt ihn dabei in eine ähnliche Körperhaltung zurück wie den Embryo im schützenden Mutterleib. Auch viele Anfänger nehmen instinktiv diese Eiformhaltung ein, ehe sie dann doch, eben zivilisationsgeschädigt, der Länge nach auf die Nase fallen.

Erholung Arbeitsteilung zwischen Ski-Ehepaaren. Er holt Essen und Getränke. Sie ruht sich inzwischen aus. Auch die weiteren Kombinationen mit „Er" zeigen, wie unfair der männliche Skisportler behandelt wird: Er-frierung. Er-müdung, Er-nährung, Er-schöpfung. Warum zum Beispiel gibt es keine Sie-frierung oder Sie-müdung?

Erste Hilfe Hier offenbart sich der gewaltige Unterschied zwischen Theorie und Praxis. Komischerweise löscht eine Schneelandschaft alle Erinnerungen an den erfolgreich absolvierten Erste-Hilfe-Kurs aus. Deshalb schlagen sich viele Skifahrer angesichts eines Unfalles lieber seitlich in die Büsche,

um den Verletzten nicht noch mehr zu schädigen.

Erster Skitag   Er ist immer der gefährlichste. An ihm brechen die Ski, bekommt man eine Erkältung, verliert man Geld und Ausweise, ist das vorbestellte Zimmer besetzt, regnet es, oder man rammt mit seinem Auto ein im Weg stehendes einheimisches Haus. Deshalb sollten vernünftige Skifahrer den ersten Skitag streichen und gleich mit dem zweiten anfangen.

F

Fahrtrichtung   Generell die von Skifahrern gewünschte kürzeste Verbindungslinie zwischen Gipfelstation und Talstation, die einzuhalten aber Naturgesetze wie Ski, Bäume, Felsen, Schnee und Mitmenschen verhindern. Deshalb versteht man gewöhnlich unter „Fahrtrichtung" die Richtung, in die wenigstens eine Skispitze jeweils zeigt.

FRÖHLICHES MINI-WÖRTERBUCH SKIFAHREN

Felle An ihnen erkennt man die rasante Entwicklung unseres Industriezeitalters. Aus den Fellen der Ski-Pionierzeit, mit denen man damals bergan stieg, wurden Bergbahnen, Gondelbahnen, Sessellifte und Schlepplifte. Eine enorme Entwicklung, die dem menschlichen Gehirn das höchste Lob ausstellt.

Festschnee Schneeflocken, die am Reformationstag, Allerheiligen, Weihnachten, Neujahr, Dreikönig, Ostern, Pfingsten, 1. Mai und Himmelfahrt die Erde erreichen.

Firn Firn ist eine besondere Art Schnee. Sie kaufen sich etwa fünf Pfund Schnee und legen ihn drei Tage lang ins Gefrierfach Ihres Kühlschranks. Dann deponieren Sie diesen Block auf Ihrem Schreibtisch direkt unter der Schreibtischlampe und lassen das Lampenlicht (100-Watt-Birne) etwa vier Stunden lang einwirken. Wiederholen Sie diesen Vorgang mehrmals. Was sich danach auf Ihrem Schreibtisch befindet, ist Firn. Falls

Sie dann ein ähnliches Zeug auf freier Wildbahn entdecken, machen Sie einen großen Bogen darum.

G

Geländewahl	Die freie Entscheidung des Skifahrers, von einem frei gewählten obersten Punkt eines Hanges zu einem frei gewählten Punkt am untersten Ende des Hanges zu gelangen. In 99,5 von 100 Fällen nehmen ihm die Ski diese Wahl ab, wobei sie sich meistens für einen ganz anderen untersten Punkt entscheiden.
Gelenke	Mit dem Phänomen, daß sich Gelenke in einer Schneelandschaft völlig anders verhalten als auf asphaltiertem Grund, wird der Skifahrer ein Leben lang nicht fertig.
Gleitphasen	Gelegentlich, meist unfreiwillig auftretende Vorwärtsbewegung des Skifahrerkör-

pers, die deshalb so selten ist, weil der Mensch über viel zuwenig „Gleitbeine" verfügt.

Gletscher	Schneebedeckte, geneigte Fläche mit natürlichen Bremshilfen wie Gletscherspalten oder Gletscherbrand.
Grundausrüstung	Billige Probierpackung der Ski-Industrie zu Dumpingpreisen, um die spätere Kauflust anzuregen. Die G. eignet sich in etwa zur optischen Darstellung eines Skifahrers, selten zur praktischen Anwendung. So versteht man unter einer G. zum Beispiel Ski ohne Kanten und Bindung, Stöcke ohne Griff, Brille ohne Gläser oder ein Zimmer ohne Bettbenutzung.
Grundschwung	Er wird deshalb so genannt, weil sich der Skifahrer ständig dabei überlegt, aus welchem Grund er sich dieser Tortur unterzieht. Ähnlich verhält es sich bei den Begriffen „Grundstellung", „Grundschritt" und „Grundwachs".

H

Haxenbrecher — Untreuer Liebhaber, der sich in der Körpergegend geirrt hat.

Helikopter-Skiing — Skisport für Millionäre, die zu faul sind, sich die Bretter unter die eigenen Füße zu schnallen.

Höhenunterschied — Das Geheimnis des Skifahrers liegt im Höhenunterschied, der nur auf Bergen anzutreffen ist. Ohne den H. gäbe es diesen schönen Sport nicht. Zur Überwindung des H. wurden sogenannte Lifte erfunden, da der Mensch mit 2 Meter langen, komplizierten Geräten an den Füßen nur schwer aufsteigen kann. Außerdem lassen sich mit Hilfe von Liften die H. weitaus schneller bewältigen als auf herkömmliche Weise. Es leben die Lifte.

Hot-Dog-Run — Skiausflug (alpin oder nordisch) in Begleitung einer läufigen Hündin.

K

Kanten — Vom Hersteller am Ski angebrachte Metallstreifen, damit man weiß, wo der Ski aufhört.

Knochen — Eine Art Gestänge im Körper, das dem Skifahrer eine relativ aufrechte Haltung ermöglicht. Allerdings beklagt der Skifahrer immer wieder deren schlechte Ausführung. Die meisten Skiunfälle ereignen sich deshalb, weil die Knochen nicht der Qualität von Ski, Schuhen oder Bindungen entsprechen. Deshalb fordert die Ski-Industrie schon lange, daß der menschliche Knochenbau bereits von Kindesbeinen an den Bedürfnissen ihrer hochentwickelten Erzeugnisse angepaßt wird, und nicht umgekehrt; hilfreiche Neuigkeiten auch unter „Drehbruch".

Kontrolliertes Fahren — Die Anreise zum Skigebiet im Auto mit der Ehefrau auf dem Beifahrersitz.

L

Langlauf — Eigentlich, wie das alpine Skifahren auch, eine höchst unnötige, sinnlose, kraftraubende Beschäftigung. Viele Langläufer fragen sich nach zwei, drei Stunden vergeblich, wo da der Lustgewinn liegen soll. In Wintersportorten ist es meistens bequemer, mit ordentlichen Schuhen die öffentlichen Straßen zu benutzen, als sich auf unglaublich dünnen Brettern über die sogenannte Loipe zu quälen. Der Slogan „Langläufer leben länger" kommt daher, weil man während des Langlaufs nicht richtig essen, trinken und rauchen kann.

Langlaufski — Wintersportgerät, vielseitig verwendbar.

Leihausrüstung — Verhängnisvolle Einrichtung in fast jedem Wintersportort. Der Familienskivater, der seine Utensilien bei der hektischen Abfahrt gekonnt vergessen hat, muß sich dort auf Befehl von Ehefrauen und Angehörigen

Langlaufski, vielseitig verwendbar:
„Ich wußte doch,
daß Toni mit seiner Spezialanfertigung irgendeinen Zweck verfolgt!"

adäquat ausrüsten, was nicht nur teuer ist, sondern auch seine Urlaubsfreude weitgehend schmälert.

Loipen-markierung	Hinweise am Beginn einer Langlaufstrecke, die den leichtsinnigen Langläufer in eine jungfräulich unberührte, meistens tief verschneite Landschaft führen, in der er zwar die mannigfaltigsten Wunder der Natur findet, nur schwer aber den sicheren Heimweg.

M

Metallski	Kurzbezeichnung für die Vereinigung der Wintersportler innerhalb der IG Metall. Auch interne Kurzformel für gewerkschaftseigene Hütten und Hotels im Gebirge. Oft mißbräuchlich benutzt für die Idee eines neuen Produktes, das der notleidenden europäischen Stahlindustrie wieder aufhelfen soll.

Mittagessen	Ausgabe von Nahrungsmitteln umstrittener Qualität in Wintersportorten und Bergrestaurants, die mit dem Flachlandbegriff Mittagessen nicht verwechselt werden darf.
Muskulatur	Irgendwas im Körper, das auf Skifahren mit Schmerz reagiert. Muskelkater und Muskelkrampf verhindert man am besten dadurch, daß man sich möglichst wenig bewegt. In Hütten, Hotels und Restaurants treten diese beiden Behinderungen selten auf.

N

Nachwachsen	Die Entwicklung gehorsamer Kinder eines skibegeisterten Ehepaars.
Natur	Eine Art Fata Morgana. Man begibt sich in einem Skiort an einen höher gelegenen Punkt, schließt die Augen und denkt sich alle Hotels, Zweitwohnungen, Lifte, Straßen, Parkplätze weg.

Neuschnee	Unwillkommenes Himmelsgeriesel während der Skisaison, das alle Anstrengungen, den Gästen und den Rennläufern gute Bedingungen für die Ausübung ihres Sports zu bieten, zunichte macht.

P

Packschnee	In handlichen Portionen verpackter Schnee, als Mitbringsel aus dem Gebirge.
Pappschnee	Wegen seiner immensen Klebefähigkeit für Wintersportorte ungeeignet, aber sehr beliebt bei Kindern. Er fällt meistens auf Gebiete, in denen sich Langläufer tummeln.
Patentsicherheitsbindung	Gebrauchsanleitung nie vergessen (siehe Bild)!
Psychologische Tips	Sie sind für den Skifahrer unentbehrlich, machen den Skisport kinderleicht, mit ihnen gelingt alles wie von selbst.

Querfahrt: Eine vorzügliche Möglichkeit, mit guten Skifahrern in engeren Kontakt zu kommen ...

Q

Qual — Ein Wort, das zünftige Skifahrer und Skiläufer nur empfinden, nie aber lautmalerisch aussprechen. Ein Skifahrer quält sich niemals, sondern er fühlt sich eins mit der Natur, er gleitet dahin, schwebt über die verzauberte Landschaft, genießt das Rauschen des Windes, das Rauschen der sauren Tannen, das Rauschen der Ski, den Rausch der Geschwindigkeit und überhaupt jede Art von Rausch.

Querfahrt — Eine vorzügliche Möglichkeit, mit guten Skifahrern in engeren Kontakt zu kommen. Besonders geeignet für scheue, introvertierte, kommunikationsgehemmte Skifahrer, die noch gelegentlich in Skigebieten vorkommen sollen.

R

Ruffiertest — Überprüfung der Kondition von Skifahrern, die Ruffier heißen.

S

Schnee — Eine Überraschung des Himmels, die alle Menschen, auch die Bergbewohner, immer völlig unvorbereitet trifft, speziell in den Monaten November bis Februar. Autofahrer werden im Dezember vom Wintereinbruch völlig überrascht. Desgleichen städtische Behörden und deren Räumkommandos. Schnee fällt in den Städten am Samstag und Sonntag, und in den Bergen tagsüber, während die Nächte wunderbar klar sind. Paradoxerweise ist der Schnee in der Lage, wichtige Skirennen sowohl dadurch zu verhindern, daß er fällt, als auch dadurch, daß er nicht fällt.

Schneeketten — Riesige Ansammlung von hintereinanderstehenden Menschen, die vor dem Kassenhäuschen einer Aufstiegshilfe warten, gelegentlich auch Liftschlange genannt.

Sicherheitsbindung	Eheschließung eines armen männlichen Skifahrers mit einem reichen weiblichen Skifahrer oder umgekehrt.
Skilauf	Ein schwieriges Unternehmen, das viele Menschen leichtsinnigerweise allein in Angriff nehmen. Mit Aussicht auf Erfolg kann es nur in Begleitung eines Beraterstabes, bestehend aus einem Chemiker, einem Metallurgen, einem Professor für Fremdsprachen, einem Diplom-Psychologen und einem Chiropraktiker durchgeführt werden.
Sonne	Wenn Sie wissen wollen, wo sich die Sonne befindet, brauchen Sie nur die Gesichter der Gäste auf der Hotelterrasse zu betrachten. Die wenden sich immer, wie es Pflanzen auch tun, der Sonne zu.
Stockeinsatz	Bewährt als Kommunikationsmittel beim Liftanstehen, in der Loipe, auf dem Parkplatz, im Bus, in der Bahn und überhaupt im Nahverkehr.

T

Tiere — Die Zoologie des Wintersports kennt eine Vielzahl von Tieren. Dem durchschnittlichen Skifahrer begegnen im wesentlichen vier Hauptspezies: Die Pistensau, der Pistenhirsch, die Pistenraupe und das Skihaserl. Darüber hinaus erkennt er noch, oft blitzartig, den dummen Hund, die blöde Sau, die alte Ziege, das olle Kamel, das dumme Schwein, den komischen Vogel oder das miese Ferkel, um nur einige der wichtigsten zu nennen. Man sieht daran, wie reich die Natur einen Skifahrer beschenkt.

Trainingseffekt — Wahllos einige Beispiele: aufgesprungene Lippen, Unterkühlung, Ausrenkung, Blasen, Erschöpfung, Knochenbruch, Muskelkater, Muskelkrampf, Nasenbluten, Platzwunden, Prellung, Schneeblindheit, Schnittwunden, Sonnenbrand, Sonnenstich.

V

Verwindungsstabilität — Drehbarkeit des menschlichen Körpers, die durch die Ski an ihrer vollen Entfaltung gehindert wird. Die Grenzen seiner Verwindungsstabilität erkennt der Skifahrer erst nach einigen Tagen im Unfallkrankenhaus.

Volksskilauf — Nostalgische Rückbesinnung auf die Tugenden der Völkerwanderungen, die wie der V. die Welt verändert haben. In Österreich bezeichnet man so das gesamte Leben und Treiben der Bevölkerung.

W

Wachsen — Darunter versteht man die Präparierung der Unterseiten von Ski, was zu einer verbesserten Gleitfähigkeit führt, aber nur dann, wenn kein Mensch auf dem Ski steht. Die Wachs-Technik ist sehr schwierig, aber Sie begreifen sie sofort, wenn Sie unter dem Stichwort „No-Wax" nachlesen.

Wedeln	Schwanzbewegungen von alpinen Kühen, die auf Almwiesen vergessen wurden und denen das Kitzeln der Schneeflocken auf ihren Hinterteilen unangenehm ist.

Z

Zielgruppe	Jeder Skifahrer braucht ein Ziel, um seine volle Leistungskraft zu entwickeln. Ziellos dahinzufahren bringt keinen Lustgewinn. Als praktischste Lösung hat sich im Laufe der Zeit erwiesen, wenn sich der Skifahrer, am oberen Ende eines Steilhanges stehend, eine Gruppe von Skifahrern zum Ziel erwählt, die sich in lockerer Formation am unteren Ende des Hanges aufhält. Die steuert er nun mit der sogenannten Schußfahrt an. Steht keine Zielgruppe zur Verfügung, genügt es oft, auch schon einzelne Skifahrer auf dem Hang anzuvisieren.
Zusammenbruch	Nun haben Sie genügend Zeit, dieses Buch in Ruhe zu studieren.

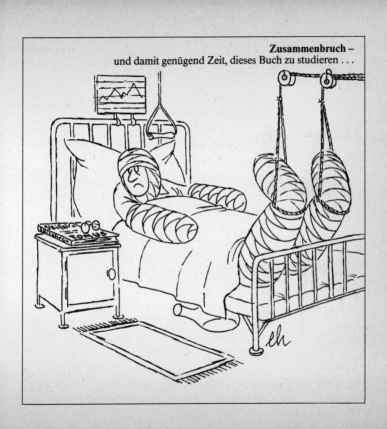

Von den Fröhlichen Mini-Wörter

Volz/Willnat
Bundeswehr-Mini
ISBN 3-8231-0511-6

Bavarius/Puth
Computer-Mini
ISBN 3-8231-0506-X

Bavarius/Puth
EDV-Mini
ISBN 3-8231-0512-4

Ebner/Puth
Fotografieren-Mini
ISBN 3-8231-0509-4

TOMUS-Bücher

büchern sind bis jetzt erschienen:

Funcke
Fußball-Mini
ISBN 3-8231-0507-8

Frank
Kinder-Mini
ISBN 3-8231-0514-0

Stein/Jelinek
Katzen-Mini
ISBN 3-8231-0513-2

Ebner
Radfahren-Mini
ISBN 3-8231-0515-9

machen Spaß